Atemnot
Souffle court

Marina Skalova

Atemnot
Souffle court

feuilles d'herbe

Éditions Héros-Limite

Les éditions Héros-Limite sont au bénéfice d'un conventionnement de la République et canton de Genève et d'un soutien structurel de l'Office fédéral de la culture.

Atemnot – Souffle court a paru initialement aux éditions Cheyne en 2016.

En couverture : Leo Leuppi, 10 compositionen, Linolschnitt, Zürich, 1943. In Eva Korazija Magnaguagno, *Der moderne Holzschnitt in der Schweiz*, Limmat Verlag, Zürich, 1987. Vignette de Marfa Indoukaeva.

Isbn : 978-2-88955-083-8

Écrire des poèmes, c'est déjà traduire

MARINA TSVETAIEVA

figures du corps

la bouche avorte
avant de parler

aspire les mots
par grandes bouffées

leur germe non voulu
accidentel

*

der mund bricht
ab, bevor er spricht

zieht an den wörtern
atmet ihren keim ein

ihre unerwünschten
groben züge

la langue tapissée
par le goudron du dehors

porte l'asphalte
dans son palais

*

die sprache eingehüllt
im teer von draussen

trägt den asphalt
in ihrem gaumen

13

le regard incise
par brèves entailles

l'aiguille sur la peau
perçante

inquisitrice
comme l'iris

*

der blick sticht
kleine skizzen

die nadel durch
dringt die haut

inquisitorisch
wie die iris

les ongles sentent
l'acétone

peaux rougies
doigts en caoutchouc

les veines que tout replie
dessinent cartographies

*

nägel riechen
nach aceton

gerötete häute
die finger, elastisch

venen, von allem verbogen
zeichnen kartographien

15

la peau

morcelée
par caresses

s'étoile
en vagues écailles

*

die haut

zerteilt durch
zärtlichkeit

zerspringt
in vage schuppen

16

l'hymen brûle

comme
des traces de javel

sur le sexe étranger

weggeätzt
hier soir

★

hymen brennt

ein gefühl
wie chlorspuren

im fernen geschlecht

weggeätzt
hier soir

17

le corps assiégé
aussitôt, s'effrite

la peau se poussière
la chair s'émiette

et le souffle, frêle

*

der körper, belagert
bröselt umgehend

die haut zerstäubt
das fleisch bröckelt

und der atem, fröstelt

ce qui fait mal
entre mes jambes

roulements, tonnerre,
mâts brisés

je ne recueille
que l'écume

*

was schmerzt
zwischen meinen beinen

donner, geröll
zerbrochene mäste

mir bleibt
blosser schaum

nuit(s) – nacht(s)

c'est un grenier
comme dans l'enfance

où la peur tremble
aux fenêtres

où les absences se nouent
là où palpitent les plis

au creux de mon pouls

*

ein dachboden
wie in der kindheit

die angst flackert
am fenster

abwesenheit
schlingt knoten

am rande des pulses

la langue se fend
comme une bûche

le corps est une hache
qui s'abat dans l'ombre

*

die sprache spaltet sich
wie ein holzscheit

der körper, eine axt
die im schatten fällt

une fissure

les vers creusent

dans les brèches
leur étrange sillon

*

ein riss

die verse graben
in den lücken

ihre seltsame spur

un à un
les mots s'engouffrent

sèment leurs œufs
leurs filaments

*

langsam
drängen die wörter hinein

verstreuen ihre eier
ihre fasern

les mots émergent flous
de leur sommeil de glaise

les rêves se froissent
chiffonnés dans un coin

au lever de la nuit

*

worte erwachen verschwommen
aus lehmigem schlaf

träume schrumpeln
zusammengeknüllt

am morgen der nacht

la nuit
ou du moins ce qui en est resté

juste l'empreinte
d'une courbe

dans des draps
pas à moi

*

die nacht
oder was davon übrigblieb

nur der abdruck
einer wölbung

auf fremden laken

encore ce jour
déplier les silences

séparer
ce que l’on ne peut pas dire

de ce qui doit rester tu

*

auch an diesem tag
die stille entwirren

unterscheiden
was du nicht sagen darfst

und was du schweigen musst

c'est une nuit d'effroi
où l'on boucle les bagages

se tait en attendant
de déplacer la langue

au seuil des portes closes

*

es ist nacht
die koffer sind gepackt

schweigend darauf warten
die sprache zu verrücken

vor geschlossene türen

rien
que mes traces de pas
sur la neige profonde

là où sombrent
les gorges

où la voix enrouée cesse
de vouloir crier

*

nichts
als meine fußspuren
im tiefen schnee

da wo der schlund
versinkt

und die stimme, heiser
nicht mehr schreien will

ce qui restera

la terre, le ruisseau
les murs de bois

le blanc entre les mots

*

was bleibt

der bach, die erde
die hölzernen wände

das weiss, zwischen den worten

ce(ux) qu'on foule aux pieds

33

entre les êtres,
l'air est vicié

les souvenirs pèsent
des livres de passé

*

die luft ist verdorben
zwischen den wesen

erinnerungen wiegen
wie bücher aus blei

on se heurte, les uns
aux autres

le corps des uns, le corps
des autres

*

man stösst an
einander

die körper der einen, die körper
der anderen

quand on entre, quand on sort
de la pièce

les paroles claquent
comme des gifles

*

in dem zimmer geht man
und aus

die wörter knallen
ohrfeigenlaut

on halète ahane
han han
on jouit

on s'enlace
on s'essuie

*

man hechelt ächzt
ach ach
stöhnen kommen

man umarmt sich
man wischt sich ab

37

son ventre enfle
jusqu'à n'en plus pouvoir

peut-être la vie
peut-être la mort

*

ihr bauch schwillt an
bis zum geht-nicht-mehr

vielleicht das leben
vielleicht der tod

les mois gouttent
sur les fenêtres

croix rouges
sur les calendriers

la rosée aussi bleue
que les premiers gyrophares

*

monate tropfen
von den fenstern

auf den kalendern
rote kreuze

das tau so blau
wie sirenenlicht

39

les chiffons plein d'acide
grattent les jours sur les vitres
chassent les cheveux dans l'évier

les doigts s'épluchent
on y laisse donc sa peau

*

lappen voller säure
kratzen die tage von den fenstern
jagen die haare in den abfluss

die finger häuten sich
das leben bleibt also
hier hängen

40

les mains sont sales

les mots ne sauvent
pas les choses

*

die hände sind schmutzig

die ordnung der dinge
retten die worte nicht

le temps se gondole
comme ces cartons mouillés

où l'on range nos vies
les plie et les déplie

*

die zeit, labberig
wie nasse kartons

wo wir unsere leben falten
und entfalten

les mots cachent la misère
sous leur tapis de syllabes

la poussière sous le lit
fait pelucher l'abcès

l'absence n'est
que pelotes grises

*

worte kaschieren das übel
unter ihrem silbenteppich

der staub unterm bett
macht die wurzeln fusselig

abwesenheit ist nichts
als graues geknäuel

43

craindre la mort
à chaque inspiration

la peur qu'elle s'intercale
comme un verrou

*

bei jedem atemzug
die angst

der tod könne sich
wie ein riegel
dazwischen schieben

les escaliers grincent
leurs pas lourds, feutrés
piétinent le silence

*

treppen knarren
schweren, filzigen schrittes
zertrampeln sie die stille

sur le parquet
leurs gênes grossissent
comme des tumeurs

*

auf dem parkett
wächst die enge
wie ein tumor

un pied après l'autre

ils poseront le corps
sous la pierre

et mettront la clé
sous la porte

*

einen fuß
nach dem anderen

legen sie den körper
unter den stein

und machen sich
aus dem staub

territorien

Le sol te fera trébucher

JEAN GENET

49

c'est l'automne

les cils tombent des paupières
la sève coule du regard

gangrène dans les racines

*

es ist herbst

die wimpern fallen von den lidern
das harz fliesst aus dem blick

in den wurzeln, brand

à l'envers du poignet
les veines tracent leurs rameaux

dans les feuilles d'automne
je vois la carte d'un territoire

où aucun sang ne coule

*

im inneren handgelenk
zeichnen venen ihre zweige

im herbstlaub erkenne ich
die karte eines territoriums

wo keinerlei blut fliesst

les feuilles grésillent, rouge bordeaux

la rouille: saillante, florissante

nous ne sommes rien que des tuyaux
du métal qui se morcelle, si ça existe

★

blätter rascheln bordeauxrot

hüllen die welt in blühenden rost

wir sind nur rohre, denke ich
sich zerkrümelndes metall,
wenn es so etwas gibt

la rouille se dessèche
se couvre de croûtes

un cratère

autour de la bouche
des lamelles se détachent

*

der rost trocknet aus
verkrustet

ein krater

um die lippen herum
lösen sich lamellen

à la charnière
des fleuves, des lignes, des noms

branches, troncs, branches
troncs, branches, troncs

juste un chemin de croix
à franchir

⋆

am übergang
von flüssen, linien, namen

stämme, äste, stämme
äste, stämme, äste

bloss einen letzten holzweg
passieren

l'écorce se craquelle

le torse résiste,
fait tronc

tapis de ronces
ou gilet pare-balles

ce que l'on sauve

*

die rinde wird rissig

der stamm sträubt sich,
streckt die brust

stachelteppich
oder kugelsichere weste

was man so rettet

le feu traque
cellules, détraque tissus

transperce la trachée

fait crépiter la tête
jusqu'au point de suture

*

das feuer hetzt
die zellen

zerfetzt die stoffe

zerknistert die nähte
bis zur nächsten grenze

au milieu de son dos
les barbelés ont gravé une porte

il suffit de couper les fils
de soulever la peau, laissée

entrebâillée
pour entrer dedans

*

inmitten seines rückens
ritzte das gitter eine tür ein

es reicht, die fäden abzuschneiden
die angelehnte haut hochzuheben

um ihn zu betreten

du crâne à la ligne
des fesses

seul le tracé
vertical

d'une cicatrice
vertébrale

*

vom nacken bis zum umriss
des hinterns

einzig die wankende
linie

einer wirbelnarbe

le givre couvre
les colonnes

un champ miné
entre les hanches

*

die schenkel
von frost bedeckt

minenfeld
zwischen den säulen

sur les cartes, il ne reste
que traces de pas

foulant toujours le même sol
avec parfois plus qu'
une
seule chaussure

*

auf den karten bleiben
nur noch fußspuren

streifen immer denselben boden
mit manchmal bloss
einem
schuh

J'ai conçu *Atemnot – Souffle court* comme un recueil bilingue en français et en allemand. Ces deux langues sont mes langues d'écriture, sans pour autant être mes langues maternelles. L'écriture a longtemps été liée pour moi à une expérience de l'entre-deux. Dans ce texte, la parole s'éveille dans les deux langues, se reflète dans le miroir toujours légèrement déformé que l'autre lui tend. Les poèmes sont parfois écrits dans un aller-retour entre les langues, parfois traduits. La langue est à la fois limite et lieu de réinvention. Les traductions n'en sont pas totalement. Elles aspirent à un bout d'espace propre, réclament leur part d'altérité. (MARINA SKALOVA)

« Ce qui se ferme ou est fermé dans un poème s'ouvre dans l'autre, par la différence, par ce qu'il dit et fait autrement ; ce qu'une langue ne peut faire ou ne peut dire ouvre à autre chose que l'autre langue déploie. » (MATHILDE VISCHER)

De la même autrice

Atemnot (Souffle court), Cheyne, 2016.
Exploration du flux, Seuil, Fiction & Cie, 2018.
La chute des comètes et des cosmonautes, L'Arche, 2019.
Silences d'exils, avec Nadège Abadie, Éditions d'en bas, 2020.

Atemnot – Souffle court
quarantième titre de la collection *feuilles d'herbe*
a été achevé d'imprimer en février 2023
par l'imprimerie Floch, Mayenne.
L'impression de la couverture a été réalisée
par La Queue du Tigre
sur les presses de Noir sur noir, Genève ;
la maquette à l'atelier des éditions
Héros-Limite,
par Gaia Biaggi et Georges Mishuga,
Genève.

Numéro d'impression : 102061
Dépôt légal : février 2023
Imprimé en Suisse et en France